Inhalt

Pflegebranche - Bundestag verabschiedet erste Reform

Kernthesen

Beitrag

Fallbeispiele

Zahlen und Fakten

Weiterführende Literatur

Impressum

Pflegebranche - Bundestag verabschiedet erste Reform

Anja Schneider

Kernthesen

- Gegenwärtig gibt es rund 2,6 Millionen Pflegebedürftige in Deutschland; 2050 werden es 4,5 Millionen sein.
- Der Bundestag hat die erste Stufe der Pflegereform der großen Koalition verabschiedet.
- Mit dem Gesetz erhalten die Pflegebedürftigen und ihre Angehörigen von 2015 an höhere finanzielle Leistungen und verbesserte Betreuungsangebote.
- Zur Finanzierung steigt der Beitragssatz zur

Pflegeversicherung um 0,3 Prozentpunkte.
- Die Zahl der Betreuungskräfte in Heimen steigt von 25 000 auf 45 000.
- Die Care Migration hat in unserer Gesellschaft in der Pflege Einzug gehalten.

Beitrag

Demografische Entwicklung bringt immer mehr Pflegebedürftige mit sich

Die Zahl der pflegebedürftigen Menschen in Deutschland steigt stetig an. Dieser Trend wird sich auch in den kommenden Jahren fortsetzen. Die Statistiker erfassen gegenwärtig fast 2,6 Millionen Pflegebedürftige. Bis zum Jahr 2030 steigt die Zahl auf 3,4 Millionen. Ab dem Jahr 2035 wird es noch ernster, da dann die geburtenstarken Jahrgänge ins pflegebedürftige Alter kommen. 2050 werden es dann 4,5 Millionen pflegebedürftige Menschen sein. Viele von ihnen leben allein.

Zwei Drittel der Pflegebedürftigen werden derzeit von Angehörigen zu Hause - auch mit Hilfe von Pflegediensten - betreut. Allerdings ist der Trend der

Angehörigenpflege aus verschiedenen Gründen rückläufig. Ein Drittel wird in Pflegeheimen versorgt.

Rund um das Thema ranken sich viele brisante Fragen. Was genau heißt denn pflegebedürftig? Wie können Familien einen plötzlich eintretenden Pflegefall kurzfristig bewältigen? Wie lässt sich auf längere Sicht die Pflege von Angehörigen mit der Berufstätigkeit und der eigenen Familie mit kleinen Kindern vereinbaren? Wer gehört zum Familienkreis - Stiefmutter, Stiefvater, Schwager, Schwägerin, wie ist es bei homosexuellen Paaren? Wie kann die Last innerhalb einer Familie gerecht auf mehrere Schultern verteilt werden? Gibt es genügend gut qualifizierte Pflegekräfte? Wie werden die Mitarbeiter der Gesundheitsfachberufe auf ihre Aufgaben vorbereitet? Wollen genügend junge Menschen in diesen Beruf? Wo können sich Angehörige Informationen und Beratung holen? Wie wird die Qualität der Pflege in den Heimen sichergestellt? Wie kann alles finanziert werden? (1)

Die Kernpunkte der Pflegereform

Mit zwei Gesetzespaketen will die Bundesregierung die Pflegeversicherung in Deutschland jetzt auf stabilere Beine stellen. Die erste Stufe ist verabschiedet und soll zum 1. Januar 2015 in Kraft treten. Die Ziele sind unter anderem höhere

Leistungen für Pflegebedürftige, gestärkte häusliche Pflege, entlastete Angehörige, zusätzliche Betreuungskräfte in den Pflegeeinrichtungen und finanzielle Absicherung des künftigen Pflegebedarfs in Deutschland.

Die Pflegereform beinhaltet im Wesentlichen folgende Kernpunkte:

Finanzierung: Finanziert werden die Reformen über steigende Beiträge zur Pflegeversicherung. Rund sechs Milliarden Euro müssen die Arbeitnehmer und Arbeitgeber aufbringen. Daher steigen die Beiträge zur Pflegeversicherung zum Jahreswechsel zunächst um 0,3 Prozent. Sie betragen dann 2,35 Prozent des Bruttoeinkommens (bisher 2,05 Prozent). Kinderlose zahlen 2,6 Prozent (bisher 2,3 Prozent). 2017 soll der Beitragssatz um weitere 0,2 Punkte steigen. Dann werden hunderttausende Demenzkranke in die Pflegeversicherung aufgenommen werden.

Mehr Geld für Leistungsempfänger: Die betroffenen Pflegebedürftigen erhalten ab dem kommenden Jahr vier Prozent mehr Leistungsbeiträge. Das bringt in vollstationärer Pflege bei Stufe eins etwa 1 064 Euro, das sind 41 Euro mehr als bisher.

Kurzzeit- und Verhinderungspflege: Leistungen können besser miteinander kombiniert werden. Zu Hause Gepflegte sollen leichter vorübergehend in einem Heim oder von ambulanten Diensten betreut werden können. Statt vier Wochen sollen bis zu acht Wochen Kurzzeitpflege pro Jahr möglich sein. Tages- und Nachtpflege kann ungekürzt neben Geld- und Sachleistungen beansprucht werden.

Betreuung: Der Anspruch auf Betreuung durch Helfer in der ambulanten Pflege wird ausgeweitet - neu: Hilfe im Haushalt oder Alltagsbegleiter. Bis zu 40 Prozent der ambulanten Pflegesachleistung können künftig dafür eingesetzt werden. Die Zahl zusätzlicher Betreuungskräfte in Heimen kann von 25 000 auf bis zu 45 000 steigen.

Umbau: Um Wohnungen alters-, behinderten und pflegegerecht umzubauen, ist Geld nötig. Der Zuschuss zu behindertengerechten Umbauten (breitere Türen, begehbare Duschen, Rollstuhlrampen) steigt von bisher 2 557 auf bis zu 4 000 Euro pro Maßnahme. Leben mehrere Pflegebedürftige gemeinsam in einer Wohnung, können sie statt bis zu 10 228 Euro jetzt bis zu 16 000 Euro pro Maßnahme erhalten.

Demenzkranke: Auch wer nicht die Pflegestufen 1 bis 3 hat, erhält erstmals Zugang zu allen ambulanten Leistungen. 2015 soll per weiterem Gesetz ein neues Verfahren zur Begutachtung von Pflegebedürftigkeit vorbereitet werden. Mit dieser Regelung sollen mehr Demenzkranke in der Pflegeversicherung berücksichtigt werden.

Pflegeauszeit vom Beruf: Bei einem plötzlichen Pflegefall in der Familie zahlt die Pflegeversicherung künftig einen Lohnersatz für zehn Tage bezahlte Freistellung vom Beruf für Pflege. Es gibt einen Rechtsanspruch auf sechs Monate Pflegezeit, also auf eine komplette Auszeit, sowie auf bis zu 24 Monate Familienpflegezeit mit einer Reduzierung der Arbeitszeit auf bis zu 15 Stunden. (2), (3)

Pflegevorsorgefonds in der Kritik

Vorsorge: 2015 startet ein Vorsorgefonds, der bei der Bundesbank neu eingerichtet und geführt wird. Rund 1,2 Milliarden Euro sollen jährlich hinein fließen. Ab 2035 sollen damit die Beiträge stabilisiert werden, wenn die Zahl der Betroffenen stark steigt. Je nach Zinsentwicklung sollen bis dahin bis zu 42 Milliarden Euro angespart werden. Der Vorsorgefonds wird kritisiert. Linke und Grüne halten die Reform generell für unzureichend und lehnen insbesondere den neuen Vorsorgefonds ab. Auch Sozialverbände sind nicht einverstanden. Die Deutsche Stiftung Patientenschutz hält ihn für zu klein und sieht ihn zudem als anfällig für Begehrlichkeiten künftiger Finanzminister. Der Sozialverband vdk und auch die Volkssolidarität sehen die jährlich 1,2 Milliarden Euro, die in den Fonds fließen sollen, als Fehlinvestment. Das Geld werde an anderer Stelle im

Pflegebereich mehr benötigt - und zwar sofort. (3), (4)

Fachkräftemangel in der Branche trotz Anwerben ausländischer Kräfte

Pflegepersonal: Die aktuelle Reform sieht vor, dass sich in den Pflegeheimen künftig 45 000 statt wie bisher 25 000 Betreuungskräfte um betroffene Menschen kümmern sollen. Beschäftigte in Pflegeheimen sollen zudem nach Tariflohn bezahlt werden, wenn dazu eine Vereinbarung besteht. In Zukunft darf bei Vergütungsverhandlungen zwischen Krankenkassen und Heimen die Bezahlung nach Tarif nicht mehr mit dem Argument abgelehnt werden, sie sei unwirtschaftlich.

Die stationären Einrichtungen beschäftigen rund 700 000 Menschen, die ambulanten Pflegedienste rund 300 000. Rund drei Viertel davon sind Frauen. Immer wieder wird über den Pflegenotstand in der Branche gesprochen. Dabei ist zu unterscheiden zwischen Hilfskräften und gut ausgebildeten, examinierten Pflegekräften. Hilfskräfte zu finden, ist weniger das Problem. Fachkräfte hingegen werden in der Tat dringend gesucht - und können durch deutsche Berufstätige nicht abgedeckt werden. Rund 30 000 Fachkräfte fehlen im Augenblick, so berichtet die

Branche. Diese Zahl steigt auf 75 000 im Jahr 2010. Die Bertelsmann-Stiftung geht im Jahr 2030 von rund einer halben Million Vollzeit-Pflegekräften aus, die fehlen. Derzeit lassen sich rund 60 000 Menschen zu Pflegekräften ausbilden. Immer mehr Pflegekräfte werden im Ausland angeworben. In Griechenland, Portugal, Spanien, Italien, Serbien, Bosnien Herzegowina, Bulgarien, Rumänien, der Republik Moldau, den Philippinen, Tunesien und China werben die Bundesagentur für Arbeit, Kliniken und Pflegeheime Personal an. Ob das den deutschen Pflegenotstand auf lange Sicht heilen kann, wird von Arbeitsmarktexperten unterschiedlich beurteilt. Schon bei der Beurteilung des aktuellen Stands des Pflegeberufs gehen die Meinungen auseinander. Die Arbeitgeber der Pflegebranche sind der Ansicht, einen attraktiven Beruf zu bieten. Die Bezahlung betrage im Schnitt 2 831 Euro im Monat brutto in den alten und 2 302 Euro in den neuen Ländern. Viele Fachkräfte aus dem Ausland sind jedoch mit den Arbeitsbedingungen und der Kultur in Deutschland keineswegs zufrieden, überwinden die Sprachbarrieren nicht, erhalten zu wenig Unterstützung und kehren Deutschland enttäuscht wieder den Rücken. Inzwischen helfen auch gelockerte Anerkennungsregelungen für ausländische Berufsabschlüsse nicht mehr; es wollen weniger ausländische Pflegekräfte nach Deutschland. Im Jahr 2012 wurden insgesamt 1 482 Anträge auf die

Anerkennung eines ausländischen Berufsabschlusses als Gesundheits- und Krankenpfleger gestellt. Die meisten Anträge kamen aus Rumänien. Nach den Ärzten war dies der Beruf mit den zweitmeisten Anträgen. Viele Privatleute greifen auf polnische Pflegekräfte zurück, die die Angehörigen zu Hause rund um die Uhr betreuen. (3), (5), (6), (7), (8)

Trends

Care Migration aus Polen

Besang früher Udo Jürgens die griechischen Gastarbeiter in seinem Lied vom Griechischen Wein, so könnte er heute vom polnischen Wodka oder vom polnischen Herbata singen. Denn die deutsche Pflegebranche wird kräftig von all den Frauen unterstützt, die zu Hause in Polen und anderen osteuropäischen Ländern ihre Männer, Kinder und Enkelkinder zurücklassen, um in deutschen Familien bei der Pflege der Senioren zu helfen und so ihren Lebensunterhalt zu verdienen. Geschätzt gibt es etwa 200 000 Osteuropäerinnen, die in Deutschland alte Menschen versorgen, entweder als angestellte Haushaltshilfe, als selbständige Pflegekraft oder als entsendete Pflegekraft. Die Dunkelziffer könnte noch weit höher sein. Viele kommen illegal, haben

Knebelverträge bei dubiosen heimischen Vermittlern, haben keinen vertraglich abgesicherten Lohn, keine geregelten Arbeitszeiten. Laut einer Caritas-Studie machen in Polen rund 110 000 Kinder die Erfahrung, dass mindestens ein Elternteil im Ausland arbeitet. (7)

Bereitschaft zur Pflege von Angehörigen sinkt

Die Bereitschaft und die Möglichkeit, Angehörige zu Hause zu pflegen, sinkt, berichtet das Wissenschaftliche Institut der Techniker Krankenkasse (TK) nach einer Studie mit mehr als 1 000 pflegenden Angehörigen. Familiärer Zusammenhalt spielt umso weniger eine Rolle, je jünger die Befragten sind. Während bei den über 65-Jährigen 61 Prozent familiäres Pflichtgefühl als Hauptgrund angeben, sind es bei den 50- bis 65-Jährigen nur noch 45 Prozent, bei den 18- bis 49-Jährigen sogar nur noch 38 Prozent. (9)

Fallbeispiele

Auch Krankenhäuser setzen auf ausländische Pflegekräfte. Einige Kliniken des Agaplesion Konzerns arbeiten seit Jahren mit Pflegekräften aus Ungarn zusammen. Seit diesem Mai kooperiert der Konzern mit Pflegefachkräften aus Spanien. Die Kliniken zahlen Agaplesion zufolge Unterkunft, Flug und einen Sprachkurs während des Aufenthalts in Deutschland. Wenn es den jungen Leuten hier gefällt, können sie bleiben. (6)

Der Europäische Sozialfonds und das Bundesministerium für Arbeit und Soziales fördern beispielsweise das Projekt "AliSchwa". Junge Erwachsene, die in ihrem Heimatland arbeitslos gemeldet sind, kommen für mehrere Monate für ein Praktikum nach Deutschland, häufig im Pflegebereich. (6)

Die private Vermittlungsagentur Stepjob auf Teneriffa zum Beispiel versucht, die Vielzahl an Bewerbern für den deutschen Arbeitsmarkt durch Sprachkurse und Informationen über Deutschland auf die Arbeit vorzubereiten. (6)

Pflegestützpunkte wurden vor fünf Jahren in Berlin eingerichtet und haben sich bewährt. Doch noch ist Berlin nicht flächendeckend mit den Beratungseinrichtungen ausgestattet. 28 Pflegestützpunkte gibt es derzeit. 36 sollen es werden. (10)

In Nordrhein-Westfalen stieg in zehn Jahren die Zahl der pflegebedürftigen Menschen um 15 Prozent. Bis 2050 wird sie sich fast verdoppeln. Die überwiegende

Mehrheit dieser Personengruppe (71 Prozent) wird zu Hause gepflegt - Tendenz steigend. Die Anzahl der sozialversicherungspflichtig Beschäftigten im Pflegebereich (ambulante Dienste, Pflegeheime, Krankenhäuser) hat mit einem Zuwachs von 20 Prozent den höchsten Stand seit zehn Jahren in Nordrhein-Westfalen erreicht. Sieben Hochschulen (Aachen, Bielefeld, Bochum, Düsseldorf, Münster, Rheine und der Verbund Köln/Aachen/Münster/Paderborn) bieten insgesamt elf verschiedene Modellstudiengänge an. (11)

Zahlen & Fakten

Wie werden Pflegebedürftige in Deutschland gepflegt?

Im Jahr 2011 wurden etwa 2,5 Millionen Menschen in Deutschland als pflegebedürftig erfasst.
Von ihnen werden 70,3 Prozent zu Hause und 29,7 Prozent in Pflegeheimen gepflegt.
Die Pflege zu Hause erfolgt zu 23,0 Prozent mit Hilfe von Pflegediensten und zu 47,0 Prozent durch die Angehörigen. (7)
Weniger ausländische Pflegekräfte wollen in Deutschland arbeiten

In einer vom Statistischen Bundesamt und vom Bundesinstitut für Berufsbildung erhobenen Analyse zur Arbeitsmigration in Pflegeberufen aus dem Jahr 2010 wurden folgende Zahlen erfasst:
Die Entwicklung zugewanderter Arbeitsmigranten in Pflegeberufen war in den vergangenen zehn Jahren rückläufig.
2010 arbeiteten hierzulande 113 000 Arbeitsmigranten in Pflegeberufen.
Die meisten von ihnen sind bereits in den Neunzigerjahren gekommen.
Lediglich 17 000 der 113 000 kamen zwischen 2003 und 2010.
Nur rund 1 600 Anträge auf Anerkennung wurden in 2012 von Personen aus dem Pflegebereich gestellt. (6)

Weiterführende Literatur

(1) "Ich möchte für meine Eltern da sein"
aus Süddeutsche Zeitung, 18.10.2014, Ausgabe München, Bayern, Deutschland, S. 6

(2) Kernpunkte der Pflegereform I Leistungsbeträge:
aus Bonner General-Anzeiger, 18.10.2014, S. 5

(3) Mehr Hilfe für die alternde Bevölkerung
aus DIE WELT, 18.10.2014, Nr. 243, S. 15

(4) Pflegeleistungen steigen so stark wie nie zuvor
aus Frankfurter Allgemeine Zeitung, 18.10.2014, Nr. 242, S. 1

(5) Pflege stellt sich gegen Mindestlöhne auf
aus Ärzte Zeitung Nr. 85 vom 20.08.2014, Seite 5

(6) Ausländische Pflegekräfte: Nur ein Mittel von vielen, um den Mangel zu beheben
aus Ärzte Zeitung Nr. 126D vom 03.07.2014, Seite 2

(7) Das Pflege-Dilemma
aus PZ Pharmazeutische Zeitung vom 25.09.2014 Seite 118

(8) Lindert die Zuwanderung aus Osteuropa den Pflegenotstand?
aus Management & Krankenhaus vom 06.10.2014, Heft 10/2014, Seite 3

(9) Krankenkasse: Bereitschaft zur Pflege von Angehörigen sinkt
aus Deutsches Ärzteblatt 38/111 vom 19.09.14 Seite 1542

(10) Berlin: Gute Noten für Pflegestützpunkte
aus Ärzte Zeitung Nr. 198D vom 14.10.2014, Seite 5

(11) Deutlich mehr Pflegebedürftige
aus Management & Krankenhaus vom 06.10.2014, Heft 10/2014, Seite 2

Impressum

Pflegebranche - Bundestag verabschiedet erste Reform

Bibliografische Information der deutschen Nationalbibliothek

Die Deutsche Nationalbibliothek verzeichnet diese Publikation in der deutschen Nationalbibliografie; detaillierte bibliografische Daten sind im Internet über http://dnb.d-nb.de abrufbar.

ISBN: 978-3-7379-5766-3

© 2015 GBI-Genios Deutsche Wirtschaftsdatenbank GmbH, Freischützstraße 96, 81927 München, www.genios.de

Alle Rechte vorbehalten. Dieses Werk ist einschließlich aller seiner Teile – z.B. Texte, Tabellen und Grafiken - urheberrechtlich geschützt. Jede Verwertung außerhalb der Grenzen des Urheberrechtsgesetzes bedarf der vorherigen Zustimmung des Verlags. Dies gilt insbesondere auch für auszugsweise Nachdrucke, fotomechanische Vervielfältigungen (Fotokopie/Mikroskopie), Übersetzungen, Auswertungen durch Datenbanken oder ähnliche Einrichtungen und die Einspeicherung und Verarbeitung in elektronischen Systemen.